SE RÉCONCILIER
AVEC SOI-MÊME

ISBN 2-84024-195-1
© Éditions des Béatitudes
Burtin, F-41600 Nouan Le Fuzelier
email : ed.beatitudes@wanadoo.fr
Société des Oeuvres Communautaires, 2003
www.editions-beatitudes.fr

Illustration de couverture :

Joëlle **LAFLÛTE-MARIETTI**

SE RÉCONCILIER
AVEC SOI-MÊME

« **Petits Traités Spirituels** »

Série III « Bonheur chrétien »

Éditions des Béatitudes

I

LA PURIFICATION DU COEUR

1- Introduction

Dire que Dieu parle au cœur, c'est confesser que dans une relation avec Lui, l'homme trouve sa véritable unité.

Dieu parle de différentes façons au cœur de l'homme jusqu'à ce qu'Il trouve la réponse désirée.

Car, lorsqu'il est placé face à l'appel divin, l'individu a tendance à ne pas répondre spontanément, il cherche plutôt des excuses pour ne pas entendre, pour fuir le choix proposé.

De quelle réponse s'agit-il ?

Puisque nous sommes des êtres matériels et organiques, les conséquences, les réactions et réflexes font partie de la condition humaine. Mais un être humain a la capacité d'agir à un autre niveau, de donner une réponse.

Il faut savoir qu'une réponse, en tant que réalité qui se situe sur le plan personnel, va au-delà des conséquences d'un acte, elle est tout autre chose qu'une réaction.

Celui qui répond fait une démarche consciente et libre à partir de son for le plus intérieur. Autrement dit, il devient responsable.

La réponse à l'appel de Dieu conduit à une lente et patiente unification de la personne.

2- Le coeur

Le coeur sur le plan anatomique

D'une part, le cœur est d'abord un organe reçu (des parents). Il exprime symboliquement le don. Il est même le premier organe à apparaître... et le dernier à mourir.

Le tube cardiaque se forme entre le 21ème et le 23ème jour. Le cœur est le centre vital de l'être humain en tant qu'il assure la circulation du sang. Il lance dans les artères le sang qu'il reçoit des veines.

Le cœur fait également partie du système respiratoire. La respiration, c'est le premier langage de l'homme, le premier cri de l'enfant qui vient au monde et développe, pour la première fois, ses poumons dans leur totalité.

D'autre part, le mouvement du cœur ne dépend en rien de la volonté (ceci pour prévenir l'étourderie de ceux qui oublieraient de remonter leur cœur chaque matin !).

Le coeur sur le plan symbolique

Aujourd'hui, le terme cœur désigne plutôt, à côté du myocarde, le sentiment, l'amour affectif, l'affection sensible. Mais c'est trop restreindre le sens du cœur.

Il s'agit de faire retrouver au terme cœur, sa pleine valeur, dynamique et intégratrice.

La notion de naissance spirituelle se rattache au symbole du cœur. Le cœur, vers lequel la personne fait retour dans sa démarche spirituelle, figure le lieu de l'activité divine. D'ailleurs, l'emplacement caché du cœur dans la poitrine explique son intériorité.

Il symbolise, dans la tradition biblique, l'homme intérieur, sa vie affective, le siège de l'intelligence et de la sagesse, l'idée de l'amour.

Il tient de même un rôle central dans la vie spirituelle. Il pense, il décide, il ébauche des projets, il affirme ses responsabilités. Le cœur est lié à l'ouverture à tout l'être, au don et au choix.

Donc, la vie de l'esprit n'est pas indifférente à l'organe du cœur. Au sens propre, le cœur est « symbolique », c'est-à-dire qu'il rassemble la diversité dans l'unité.

Toute la difficulté est de passer du premier sens de cœur, qui est plutôt imagé (le cœur comme sentiment) à ce sens symbolique.

C'est avec tout son être, donc avec tout son corps, que la personne reçoit et donne, c'est-à-dire aime.

Enfin, quand Dieu regarde une personne, il regarde toujours à son cœur. Notre âge est celui de notre cœur, pas celui de nos artères !

Je précise que la vie intérieure, endroit privilégié pour l'homme dans le cheminement vers la vérité, est la capacité de rentrer en soi-même, de comprendre le sens des actions accomplies et que l'on accomplit.

3- La pureté : ce qu'elle est, ce qu'elle n'est pas

Tout d'abord, la pureté n'est pas chasteté ou continence, pas plus qu'elle n'est moralité.

Ce qui compte de nos jours, c'est le jugement des autres, c'est-à-dire les critères sociaux qui se fondent sur des apparences et non sur une éthique personelle dont personne ne peut être juge (excepté Dieu).

D'autre part, rien de ce qui est purement extérieur et charnel ne peut purifier le coeur. Il ne peut être purifié que par des éléments spirituels.

La pureté commence où s'arrête le moi.

Mère Téresa a dit :

> « L'amour doit être nourri de sacrifices, et en premier lieu celui du moi ».

On peut dire que la pureté commence quand l'amour cesse d'être mélangé d'intérêts, l'amour pur s'exprimant par le sacrifice (cf. Georges Gusddord dans *« L'expérience humaine du sacrifice »*, Pup, 1948).

Le coeur pur est à la fois confiant, simple, lucide sur lui-même et éternellement jeune. Il sait dormir paisiblement. La vérité, la douceur, l'espérance l'habitent.

Les impuretés du coeur sont en premier lieu la peur, puis le doute, le désespoir, la rigidité, la résignation, les impulsions, les inquiétudes et les angoisses...

Ces impuretés entraînent une insensibilité, une difficulté à obéir, voire une rébellion. La personne en vient ainsi à perdre son bon sens et devient inintelligente et incohérente.

C'est pourquoi nous devons veiller sur notre coeur pour ne pas le laisser s'endurcir comme une terre qui serait incapable de laisser germer une bonne graine.

Nous verrons ultérieurement ce qui encombre nos coeurs.

4- Purifier le corps et la tête

Sans m'étendre sur le sujet, purifier le corps, c'est changer sa façon de dormir, changer son hygiène alimentaire et surtout habituer le corps à vivre relâché.

Pour la tête, il convient de la purifier des idées fausses qui ont été assimilées sans vérification.

En ce qui concerne le coeur, afin qu'il puisse devenir un instrument de connaissance, il faudra éliminer ce qui est en trop, ce qui l'encombre.

Nous le verrons ultérieurement au travers des émotions car se connaître soi-même passe par l'analyse de ses émotions... Le secret de la sérénité est d'apprendre à se servir de ses émotions, au lieu de laisser les émotions se servir de soi. En faisant cet apprentissage, je contrôle ma vie ; sinon, ce sont les événements qui me contrôlent.

Ensuite, après avoir purifié ces trois instruments, il faudra voir comment les utiliser simultanément.

II

LA LOI DIVINE DE L'AMOUR

« Nous avons besoin d'être pris dans deux ordres : celui de l'amour et celui de la loi ».

La qualité des rapports humains représente notre plus grand défi, bien que les diverses cultures aient élaboré des lois et des codes de conduite visant à régir le comportement, dans le souci de protéger l'innocent, de garantir l'honnêteté dans les échanges et d'assurer le respect de la vie et des biens.

Les lois de la société sont imparfaites. En effet, elles s'efforcent de régir les actes des hommes par la sanction, mais elles ne peuvent aller jusque dans la profondeur du coeur. Si la loi était suffisante, il ne faudrait rien rajouter aux dix commandements que Moïse a reçus. En fait, cette loi n'a servi qu'à montrer les fautes et les limites des hommes. Il fallait donc une loi qui puisse être écrite dans les coeurs.

C'est ce que le Christ est venu faire : écrire une loi dans le coeur, une façon nouvelle et différente de penser, caractérisée par une conduite bénéfique et non néfaste pour autrui.

Cette loi, c'est la loi divine de l'amour, gravée par le Saint-Esprit dans le coeur des disciples du Christ.

Jésus-Christ enseigna la façon altruiste d'avoir des relations réussies. D'abord avec sa famille, puis son prochain, et même ses ennemis. Cet enseignement est révolutionnaire mais l'Esprit Saint aide le chrétien à avoir un coeur et un esprit nouveaux, une nouvelle attitude envers la vie et à l'égard du prochain. Saint Paul dit :

> « *Or, ceux qui appartiennent au Christ Jésus ont crucifié la chair avec ses passions et ses convoitises. Puisque l'Esprit est notre vie, que l'Esprit nous fasse aussi agir* »
> (Ga 5, 24-25).

Aussi, se rendre à l'église et parler des choses spirituelles, c'est très bien, mais cela ne suffit pas...

Dieu regarde au cœur. Il s'intéresse à ce qui se passe « en dedans » car ce qu'il y a en dedans produit du fruit « au dehors ».

Entrons maintenant dans le vif du sujet, celui de la purification du coeur, en attirant notre attention sur le fait que, dans la relation à l'autre, l'obstacle le plus grand de la vie spirituelle réside dans les absents de notre coeur, ceux que nous avons effacés, que nous avons supprimés de notre existence par un acte délibéré de rejet. Ces personnes ne nous énervent plus, nous ne les haïssons pas non plus, mais c'est bien pire. Oublier l'autre, c'est ne pas l'aimer.

Aussi, pour évoluer, il est nécessaire de chercher à voir quels sont les exclus de notre cœur. Et si nous ne les voyons pas, demandons à Dieu de nous les montrer.

Le commencement de toute démarche spirituelle, c'est de reconnaître son manque d'amour (indifférence, irritation, séparation, rancune...). Mais ce n'est pas facile à reconnaître car nous croyons aimer. Pourtant, si nous approfondissons, nous voyons que des limites existent aux manifestations de ce que nous croyons être de l'amour.

Le propre de l'amour véritable, c'est d'aimer en tout temps toutes personnes. C'est un état permanent et non une obligation que je m'impose et qui fluctue. Quand j'ai l'amour, j'aime ceux qui sont aimables comme ceux qui me haïssent.

Mais généralement, ce n'est pas ainsi que le coeur voit les choses. « J'aime ou je n'aime pas ! » : voilà sa façon habituelle de réagir. Il y a là une vérité capitale à comprendre, peut-être étonnante au premier abord (je vous l'accorde) mais totalement convaincante : le coeur consacre la plus grande partie de son activité à dire « non » (plus souvent qu'il ne dit « oui »). C'est cela même qui doit être extirpé.

L'amour est la fonction même du coeur (comme je l'ai déjà évoqué). Or la réalité de l'individu, c'est la peur de ne pas se sentir aimé et l'incapacité à aimer vraiment.

C'est le cri du coeur de tous les êtres humains. De par ma pratique, j'entends très souvent : « Personne ne m'a jamais aimé... Je ne suis pas aimé comme je le voudrais... Mon fils ou ma fille à qui je me suis consacré ne m'aime plus... Mon mari en aime une autre... ».

III

DE LA PEUR À L'AMOUR

Nous allons maintenant parler de l'amour.

C'est que sans nous en rendre compte, nous abordons les relations avec les autres à partir d'un schéma d'enfant. L'enfant est fait pour recevoir, c'est normal. Ce n'est qu'après l'âge de six ans qu'il peut commencer à donner.

Par conséquent, parce qu'il comprend qu'il ne peut continuer à recevoir, l'adulte qui n'a pas assumé une tâche de transformation, de changement intérieur profond, demeure fondamentalement égoïste.

Il ne faut pas entendre cela comme une condamnation, une insulte ou un jugement moral, mais comme une clé pour pouvoir progresser et être heureux.

Plus vite vous le vérifierez, plus vite vous commencerez à changer.

Le bonheur ne s'acquiert que dans un retournement du cœur qui fait avancer sur des chemins d'espérance. Le bonheur dépend de l'ouverture du cœur car le repli sur soi et l'enfermement s'opposent au bonheur. L'homme heureux est celui qui consent à aller de l'avant.

C'est ce mouvement qui permet l'accès à la béatitude : descendre en soi-même, faire silence, et surtout... pardonner.

Il est donc important que le cœur soit purifié car c'est lui qui conduit à l'expérience totalement inattendue qu'est la béatitude, cet état dans lequel on se sent aimé et dans lequel on aime.

Mais on ne peut vivre cette perfection dans aucune autre partie que le cœur. C'est une expérience qui ne peut se vivre que dans le cœur... purifié.

Nous étudierons la béatitude ultérieurement mais auparavant voyons ce qui encombre nos cœurs. Évoquons pour cela les peurs et les désirs multiples (à la base) qui les habitent.

Si le cœur n'est pas purifié, cela fait notre médiocrité, nos souffrances, nos contradictions, nos haines, nos rancunes, nos infantilismes.

Ce qui encombre nos coeurs, ce sont les mesquineries, les compensations, les mensonges, les révoltes, l'agressivité (ainsi que le doute, le désespoir, la rigidité, la résignation, les impulsions, les inquiétudes et les angoisses).

La purification du cœur, c'est la disparition progressive de ces impuretés. Mais ce travail demande une telle persévérance que nous ne tenons pas vraiment à le faire et essayons de l'esquiver, comme nous le pouvons...

Trop souvent, nous préférons écouter des enseignements intellectuels et pratiquer des exercices physiques (musculation, relaxation, ablution...). Il existe cependant une limite à notre capacité de perfectionnement physique et à nos capacités d'exercice de l'intellect.

La transformation du cœur, elle, n'a pas de limite ! Imaginer jusqu'où peut aller la purification du cœur est cependant impossible car nous n'en avons qu'une infime expérience. Par exemple, un rêve n'est ni physique, ni intellect ; le climat d'un rêve est une affaire de cœur.

Nous allons maintenant voir le contraire du cœur encombré : la « supériorité du cœur » (ce qui fait le sage).

Il n'y a d'accès à la sagesse et à la libération que par le cœur, et tout individu en a en fait le pressentiment. Mais généralement, la connaissance que nous avons de notre propre cœur est celle de nos émotions.

Nous devrions donc être vigilants et ne pas appeler amour ce qui est émotion ou besoin d'être aimé. Ce n'est pas de l'amour ; ce sont les formes déviées de l'amour, amour fait de désirs, d'intolérance, de faiblesse.

Cet amour est l'expression de la condition séparée, une manifestation de la limitation : « si l'univers entier m'aime, je ne risque plus rien ».

Il n'en sera cependant jamais ainsi. Nous vivons dans un monde où les hommes sont différents, n'aiment pas forcément ce que nous aimons, aiment ce que nous n'aimons pas. Ce type d'amour (que je viens de citer) n'est qu'une tentative pour échapper à la peur.

Aussi, moins vous aurez peur, plus vous serez capables d'aimer véritablement (peurs le plus souvent inconscientes). C'est là le plus grand et le plus beau travail à mener car la condition humaine est limitée et ce n'est que par l'amour que nous pourrons la dépasser.

IV

L'INCONSCIENT

ET LES ÉMOTIONS

Nous en arrivons aux émotions car un aspect de la purification du cœur est lié aux racines inconscientes des émotions. L'analyse des émotions fait donc partie du travail de purification du cœur.

L'ego et son complice, le mental, empêchent de voir la réalité absolue : celle-ci ne relève pas du domaine de la forme mais du domaine de l'essence (l'essence d'une personne signifie sa fonction spirituelle).

Cette essence ne peut pas être vue, comprise avec l'intellect. Elle ne peut qu'être vécue à partir d'un cœur purifié de ses émotions négatives.

Je vous propose une autre définition : la purification du cœur ne vise qu'à délivrer l'esprit de ce qui le cache à lui-même pour permettre à son essence de se révéler.

Nous allons maintenant voir dans quelles situations nous pouvons nous trouver si ce travail n'est pas fait.

Il s'agit de l'absence de conscience. L'inconscient nous rend prisonniers de mécanismes psychiques indépendants de notre volonté.

Cet inconscient nous empêche également d'assumer pleinement la responsabilité des événements résultant de nos propres choix, décisions, actions, et nous amène trop souvent à nous poser en victime.

Ce qui à mon avis est grave, c'est que beaucoup de « responsables » donnent des conseils de vertu, imposent des obligations, orientent, imaginent des épreuves incroyables et ne s'aperçoivent pas qu'ils ont tout simplement affaire à des inconscients infantiles !

Cela est universel : personne n'échappe à son inconscient, à sa petite enfance. Presque toutes les attitudes des adultes et leurs décisions sont commandées par les impulsions d'un psychisme infantile.

C'est un fond mystérieux, un trésor d'impulsions qui, sous forme de mouvements affectifs, sous forme passionnelle, sous forme de tendances et d'appels, nous atteint.

En fait, les dynamismes de l'inconscient agissent sur notre pensée, et nous ne pouvons voir la réalité absolue telle qu'elle est, mais seulement de manière subjective. C'est la puissance de ces dynamismes dans les profondeurs de l'esprit qui se manifeste avant tout dans le fonctionnement du cœur. Voilà pourquoi il est important de faire le point sur notre façon de fonctionner, afin de pouvoir remonter à la source par l'analyse des émotions. Nous allons en parler...

Il faut savoir que l'expression des émotions (ou leur absence) influence toutes les dimensions de la personne (dont la dimension spirituelle).

La vie émotionnelle et sa reconnaissance semblent donc un des sentiers menant vers l'évolution personnelle.

Le contraire, c'est l'ignorance teintée d'émotionnalité, c'est-à-dire le manque de conscience dans l'esprit puisque l'émotion occupe toute la place !

On entend souvent dire : « il est inconscient... »

1- Qu'est-ce que l'émotion ?

L'émotion est le mélange d'énergie et d'une pensée qui la colore. Disons qu'au lieu de rester constatation neutre, la pensée se personnalise et se transforme sur l'instant en émotion. Autrefois, les émotions s'appelaient « passions ». Elles étaient décrites comme des états affectifs et intellectuels assez puissants pour dominer la vie de l'esprit par l'intensité de leurs effets ou par la permanence de leurs actions.

En ce qui concerne le chrétien, il doit essayer de ne jamais simuler quoi que ce soit. Il est préférable qu'il reconnaisse ses états d'âme car en refoulant ses émotions il peut donner une impression de maturité spirituelle, mais ce n'est pas ainsi qu'il parviendra à la véritable maturité. Il se trompe lui-même, tout en trompant les autres...

2- D'où viennent les émotions ?

L'émotion naît du refus de ce qui est (par peur, bien sûr). La peur est l'énergie émotionnelle dominante de la personne non régénérée.

Nous butons toujours sur une solide réalité : nous fonctionnons le plus souvent sur un temps unique, le passé. L'émotion révèle finalement notre incapacité à nous adapter à une situation, quelle qu'elle soit.

S'adapter, c'est dire oui là où le plus souvent nous disons non ! Le comble, c'est que la vie nous envoie le même genre de situations, souvent de plus en plus aiguës (donc de plus en plus difficiles à accepter) afin de rendre évidents nos points les plus faibles ou nos refus les plus forts (genre tranquillité, patience...).

Ce qu'il faut comprendre dans ce phénomène, c'est qu'il existe une relation, une connexion, un échange constant entre le monde extérieur et notre univers intérieur, entre le « moi » et la société.

Nous sommes conditionnés par les forces de la nature et celles de la société (dont notre famille). Nous nous croyons libres mais notre liberté est en fait un statut d'esclave. Or comme nous l'ignorons, il nous est difficile, voire impossible, de sortir de cette servitude.

Heureusement une question se pose : « est-il cependant envisageable de transformer cet esclavage ? ». Oui, en nous rappelant les lois et grands principes vrais de l'univers...

L'individu a en effet besoin de lois pour grandir, pour être humain.

3- De quelles lois est-il question ?

Il me paraît important de savoir que tous les processus observables, grands et petits, se déroulent selon des règles précises et immuables.

Pourquoi chaque réalité de la nature est-elle douée d'un mouvement qui lui est propre ? Les corps s'attirent par la force de gravitation, les charges électriques se repoussent, les bactéries se multiplient... D'où provient ce dynamisme interne que la technique ne peut ni inventer, ni changer ?

Il faut recevoir les lois de la nature comme un don. La science est possible parce que ces règles appelées lois naturelles existent et ne changent jamais. La technique prouve que si l'on respecte ces lois naturelles, les effets sont remarquables et tout fonctionne à merveille.

Mises en place par un législateur tout-puissant, Dieu, les lois englobent et régissent toute la création. Appelées lois divines et naturelles, elles sont à l'œuvre sans relâche et sans faiblesse depuis des milliards d'années.

Inlassablement à l'œuvre, elles réalisent le plan grandiose que le Créateur avait dressé. Et le Créateur étant fidèle, ces lois agissent depuis. Elles entretiennent l'indispensable mouvement.

Une fois parvenus à cette prise de conscience, une déduction évidente s'impose à nous : appliquer ces lois. Nous avons donc un intérêt vital à être informés de leur existence et de leur fonctionnement afin de ne pas les transgresser par ignorance. Hélas, cette information importante n'est pas enseignée partout.

Alors que les lois de Dieu sont en réalité l'unique nécessaire pour que chaque être humain ait une vie saine, joyeuse dans la création, l'esprit humain s'est engagé sur de nouvelles voies selon sa volonté, et il ne tient pas compte de celles qui étaient prêtes, toute tracées.

Ignorant des choses les plus élémentaires qui touchent au cœur de leur être, beaucoup se résignent, doutent et se croient les victimes innocentes d'un sort inhumain. D'autres se révoltent, accusant la société, voire le Créateur.

Mais d'autres encore... rejetant ces comportements stériles, éprouvent en leur for intérieur l'espoir que les réponses à toutes leurs questions doivent exister. Cela leur permet de continuer leur quête.

Après tout, n'avons-nous pas la promesse formelle du Christ :

> « *Demandez et l'on vous donnera ; cherchez et vous trouverez ; frappez et l'on vous ouvrira* » (Mt 7, 7) ?

Il me semble que c'est une parole qui nous donne la certitude que tout effort sincère et persévérant est sûr d'aboutir et sera donc couronné de succès.

En fait, nous avons un besoin absolu et vital de connaître le but à atteindre et de voir clairement la route qui nous y conduit. La réussite ou l'échec de notre existence, le bonheur ou le malheur, dépendent directement de l'orientation de notre vie.

De plus, tant que nous ignorons la vraie raison de notre devenir, comment faire confiance, mettre à profit le précieux facteur temps et tirer tous les avantages des expériences vécues ?

Nous avons par conséquent besoin de savoir... Tant que nous n'aurons pas une conviction fondée sur un savoir sûr et complet, tant que nous ne connaîtrons pas de façon précise le but de notre vie, nous ne pourrons pas bien vivre, nous épanouir et être heureux. Aussi, nous devons tout mettre en œuvre pour y parvenir.

Revenons aux lois. Il existe trois lois de base qui constituent les pierres fondamentales de la volonté divine. Ce sont l'apesanteur, la loi de l'attraction des affinités, et la loi de cause à effet.

Il est important de savoir que l'effet de ces simples lois amène chaque esprit humain exactement où il en est en fonction de son attitude intérieure.

Pour mieux comprendre la relation directe de nos états de conscience avec notre être physique, il est important de nous pencher sur nos expériences vécues et de les analyser au travers de la loi fondamentale de causalité.

En effet, chaque problème qui se pose dans l'existence, loin d'être considéré comme un événement négatif, devrait être accepté comme une expérience positive nous permettant d'enrichir et d'utiliser les valeurs qui sont en nous.

Nos choix passés nous amènent sans indulgence à ce que nous vivons au présent.

Si nous voulons changer des conditions de vie considérées comme difficiles, il est urgent d'en faire le bilan (dans le sens le plus large) pour pouvoir nous diriger vers un avenir plus conforme à nos aspirations.

C'est l'état le plus intime de l'être humain qui est déterminant pour son développement dans le monde sur le plan spirituel, monde en lequel il sera obligé d'entrer après sa mort physique. L'être humain se trouve par conséquent dans une situation contradictoire : en tant que créature il est soumis aux lois naturelles mais il est, en même temps, capable de prendre des décisions personnelles et de choisir ses orientations.

En fait, l'homme peut décider librement, mais chacune de ses décisions déclenche l'activité des lois et entraîne automatiquement la responsabilité de son auteur.

Plus la croyance en la liberté raisonnable de l'homme est forte, plus grand est l'espoir de voir un jour l'humanité se réconcilier avec elle-même ; c'est-à-dire que les hommes, au lieu de s'opposer, de se jalouser, voudront tous le bonheur et l'harmonie. Devenus raisonnables, ils réaliseront la volonté divine.

Il faut donc se dégager d'un mental boursouflé d'émotions. L'existence ne se déroulera pas normalement tant qu'il y aura en nous des résidus émotionnels. Il faut se purifier de son mental. Celui-ci ne peut être vaincu que s'il est convaincu de l'impossibilité d'échapper aux lois de l'univers (lois incontournables).

En fait, nous refusons le changement et fabriquons des émotions. Pourtant, notre pain quotidien est non seulement le va et vient des biens matériels mais aussi celui lié aux événements et surtout nos propres états de conscience. Je dirai (au risque de surprendre) que c'est la situation la plus bouleversante qu'elle soit qui, en tant qu'épreuve, devient l'aide la plus précieuse !

Adhérer à la loi du changement signifie :

- Observer des choses qui me filent constamment entre les mains alors que je les voudrais durables.

- Réfléchir sur les expériences répétées afin de trouver la transformation nécessaire pour en sortir.

- Constater mon refus à chaque changement qui me hérisse, avec la colère ou la souffrance qu'il implique.

Pour cela, il faut passer du non au oui, c'est-à-dire de l'émotion au sentiment. Dans le sentiment, il est davantage question de stabilité, de conscience éclairée, de durée.

Si nous vivons réellement une expérience, elle se terminera à coup sûr, sinon elle n'en finira pas de traîner.

Prenons donc les événements comme ils viennent ! Au lieu d'être penseurs, soyons observateurs et, dans ce cas, confrontons notre mental à la réalité plutôt que d'imaginer, présumer, interpréter, juger.

Pour se libérer de l'émotion, il faut en premier lieu savoir que son complet affranchissement se trouve dans le fait de ne pas dépendre des autres. Cet affranchissement est difficile à obtenir puisque c'est le contraire absolu de ce que nous voulons. Nous voulons être reconnus, appréciés, loués, admirés par les autres, la société.

Évidemment, c'est de l'overdose de dépendance dont il s'agit de se désintoxiquer dans la mesure où nos comportements deviennent source de conflits, de malentendus, moteur de souffrance et d'innombrables émotions. Pour cela, il faut admettre notre besoin de reconnaissance et laisser passer en nous les réactions exagérées de l'enfant, se diriger ensuite vers la non-dépendance et surtout ne pas toujours attendre des autres, essayant de percevoir ce qu'ils attendent de nous.

Pour recevoir, il faut donner (et encore ce n'est pas une certitude de recevoir en contrepartie). Il faut donner et savoir donner selon ce que désire la personne au moment où elle le désire. Il existe l'art de sentir ce que l'autre attend de nous. Et ce qui compte dans le don, c'est ce qui a été réellement reçu. Il n'y a pas de don si l'autre n'a pas reçu.

Pour tout cela, il est nécessaire de connaître la personne dans ses attentes, de la comprendre : ce qui nous demande de sortir de notre individualité.

Revenons aux émotions...

Toutes ne sont pas négatives, comme dans le cas de la colère lorsqu'elle est le dénouement de tensions arrivées à l'extrême du supportable et agissant alors comme soupape de sécurité pour devenir soulagement - à la condition que ce ne soit pas habituel !

Si les émotions sont refoulées, elles peuvent se transformer en colère glacée, tensions incontrôlables, rancunes froidement distillées.

Personnellement, je cherche toujours à savoir où l'autre en est de ses émotions. Je prends sa température psychique...

Finalement, les émotions analysées nous servent de miroir pour nous montrer qui nous sommes. Elles nous permettent de savoir où nous situer dans notre trajectoire personnelle vers une attitude plus équilibrée.

V

BIENHEUREUX

LES MISÉRICORDIEUX

Les béatitudes sont des textes essentiels : elles nous apprennent la capacité d'accueillir l'autre sans rien attendre en retour, tout en menant une mission de relèvement. Elles signifient qu'avec nos limites, nos blessures, nos pauvretés, nos handicaps, nous sommes disponibles à la gratuité du message de Dieu pour devenir bienheureux.

Les béatitudes sont donc la voie suprême car elles supposent une purification des effets blessants. Elles sont un chemin nécessaire pour aller au-delà de soi-même. Ce chemin est parfois difficile car il oblige à se rencontrer dans sa pauvreté et sa solitude. C'est une condition nécessaire pour devenir capable d'aimer, autant soi-même que les autres.

Libéré de l'ego, l'homme entre dans un fonctionnement nouveau qui le libère du passé : il découvre et vit enfin « les béatitudes ».

Ce n'est donc pas en copiant les autres ou en faisant des concessions que s'opèrent les renouvellements, mais en faisant de l'intérieur craquer ce qui est vieux. Nous ne devons pas en demeurer aux formules et aux plans.

C'est au fond du cœur que nous entretenons, à tout âge, un principe de rajeunissement. Ce principe n'est autre que le pur esprit des béatitudes.

L'intériorisation des valeurs spirituelles ne se fait que dans le renoncement à soi. Dans ce cas, l'être est spirituellement adulte et peut répondre à sa vocation.

Il me paraît maintenant important d'approfondir la nécessité qu'il y a d'apprendre à « être miséricordieux ».

Vivre dans la miséricorde, c'est vivre dans un état de paix intérieure et de disponibilité. Comme Dieu m'a pardonné et accepté tel que je suis dans la réalité avec mes faiblesses et mes forces, je deviens capable de me pardonner, d'accepter, d'aimer et d'apprécier l'autre tel qu'il est : étant suffisamment libre et transparent, je ne me sens plus menacé par ses différences, ses blessures ou ses projections hostiles.

Me connaissant en profondeur, n'étant plus habité par le doute, je suis plein d'assurance en mon Dieu : j'accueille donc l'autre sans rien attendre de lui, et sans peur d'un quelconque danger qu'il pourrait m'occasionner. Je suis alors dans cet amour divin qui va permettre à l'autre de se sentir libre pour exprimer tout ce qui l'aliène, toutes ses peurs, toutes ses hontes.

À l'opposé, vivre dans la non-miséricorde m'enferme dans mon ego et empêche toute vraie relation, autant avec l'autre qu'avec moi-même. Les rancœurs de toutes espèces, les colères refoulées, les peurs non-reconnues, la culpabilité et les complexes m'empêchent de jouir de l'instant présent. Il y a comme un écran invisible qui me sépare de la réalité.

Si je ne prends pas conscience de cet état, je peux tomber rapidement dans une spirale sans fin où je vais m'endurcir de plus en plus en accusant toujours plus les autres et les circonstances comme étant responsables de mon malheur, en refusant de me remettre en question, et en voyant même l'aide qui m'est offerte comme une agression.

Évidemment, toutes ces émotions négatives ne sont pas sans effet sur le système immunitaire et les différentes maladies qui se développent.

VI

LE PARDON

1- Grandeur et nécessité du pardon

Le pardon libère les forces d'aimer. Cependant, il n'est pas de nos jours au cœur des réflexions de fond. Il ne paraît pas non plus tisser notre vie de tous les jours.

Le pardon soulève en fait quantité de difficultés...

Le non-pardon est tout d'abord source de tristesse. Il peut même engendrer la haine et le désespoir ; la maladie également. On n'en finirait pas de citer des exemples de maladies liées à des pardons refusés. Il est impossible que la fermeture de l'âme induite par le refus de pardon n'affecte pas l'organisme.

J'ai déjà signalé que le cœur exprime symboliquement le don. J'irais même jusqu'à dire que l'homme est un être de don. En effet, l'homme peut être défini comme un « être donné-à-lui-même ». Il ne devient fidèle à sa nature profonde qu'en donnant à son tour. Or le don suppose la communion. Sinon, « comment me donner si je suis seul ? »

Voilà pourquoi l'homme ne trouve son achèvement que dans la vie relationnelle, et plus encore dans la communion. D'ailleurs, toute communauté est fondée sur le pardon (offense = communion lésée : origine du pardon).

Le chrétien est appelé à imiter Jésus. Je ne parle pas d'un mimétisme extérieur ou d'un formalisme qui n'impliquerait pas le cœur. Toute la vie de Jésus-Christ s'inscrit sous le signe du pardon. Tout au long de sa vie publique, Jésus a connu l'offense. Sa vie même est essence du pardon.

Il m'arrive très souvent d'expliquer aux gens que nous sommes des êtres offensés mais qu'à notre tour nous offensons...

Le pardon ne peut être commandé par une loi. Comment donc l'inscrire dans nos relations humaines sans qu'il dégénère en dû ?

Il me semble qu'une ébauche de réponse pourrait être la suivante : puisque l'homme est naturellement habité par un attrait vers l'autre et que le pardon rétablit la communion ébranlée, l'homme porte en lui-même comme une inclination naturelle au pardon. Cette inclination, inscrite dans le cœur de tout homme ne sera pleinement réalisée que dans le Ciel.

La preuve en est la souffrance engendrée par la division (si enfouie soit-elle). Une telle souffrance est un indice de cette inclination.

Nous pouvons cependant nous demander si le pardon est oubli ou plutôt mémoire...

Pardonner est incompatible avec oublier. Il est en effet impossible de pardonner sans se remémorer le passé. La mémoire est donc une condition nécessaire au pardon. Il va cependant falloir opérer une conversion du regard, changer de regard et sur l'offenseur et sur l'offensé.

Sur l'offenseur... parce qu'après tout, il n'est pas emprisonné dans la banquise de sa mauvaise action. Sur l'offensé... car il se sait capable d'ouvrir son cœur à nouveau et d'aimer.

C'est ainsi que le pardon serait comme la « mémoire d'une promesse ». Il ouvrirait sur une histoire nouvelle : « désormais, tout sera autrement ». Par conséquent, on peut dire que pardonner, c'est se souvenir pour oublier.

À Jérusalem, quatre lettres hébraïques disent, au-dessus de la place qui conduit au mur occidental de l'ancien temple (mur des lamentations) : « souviens-toi »...

Celui qui ne veut pas faire mémoire du passé se voue à reproduire les mêmes erreurs dans le futur.

L'expérience du pardon « plus fort que le mal » élargit le cœur et l'invite à une plus grande compassion.

2- Le pardon des lèvres, expression du pardon du cœur

Il est important de dire : « je te pardonne », aussi bien pour l'offenseur que pour l'offensé.

Il y a souvent un orgueil caché dans le refus de parler. Le pardon est dur parce que nous avons peur de reconnaître nos impuissances et nos limites.

Combien de perfectionnistes se refusent-ils à pardonner ? Car ils voudraient ne plus ressentir aucune amertume et désireraient que ce pardon jaillisse avec élan d'un cœur totalement purifié. Ils n'accepteront la réconciliation que si ces conditions draconiennes sont remplies. Heureusement que le pardon ne demande pas que notre amour ait atteint son couronnement !

Par contre (et c'est une clarification importante), le pardon n'évite pas la souffrance et ne supprime pas les difficultés. Lorsque nous avons été offensés, nous avons souvent honte de nous-mêmes : « je ne devrais pas être aussi naïf, j'aurais pu le savoir... ». Assez bizarrement d'ailleurs, nous nous remettons en cause nous-mêmes et nous heurtons à la face cachée de notre personnalité.

Et comme nous ne voulons pas trop voir cette dernière, nous devenons moqueurs, critiques à l'extrême... Et si étrange que cela puisse paraître, lorsqu'on nous a fait du tort, c'est souvent comme un voile qui se lève sur nous-mêmes, telle la disparition d'un masque. N'ayons pas peur de la face obscure de notre cœur. Sinon, nous ne réussirons jamais à pardonner à autrui.

Il convient donc de commencer par travailler sur les émotions (peur, colère, honte, culpabilité). Ensuite, il est possible et bon de travailler sur le pardon et la compassion. Pour cela, il est nécessaire de ne pas rester seul avec sa blessure car celle-ci a tendance à nous isoler.

Notre plus grande souffrance provient parfois du fait que nous sommes seuls à porter ce qui nous a fait du mal. Ici, une question se pose : « la souffrance n'existerait-elle pas pour nous engager, nous, pauvres mortels, dans des relations d'entraide ? Pour nous convaincre que nous avons besoin les uns des autres, que nous ne pouvons pas nous en sortir seul ? »...

Celui qui veut pouvoir pardonner un jour ne peut pas rester seul avec sa peine. Il doit trouver quelqu'un qui ne moralise pas, qui ne juge pas, qui ne le plaigne pas davantage. Quelqu'un qui ne l'inonde pas de conseils et n'a pas la prétention de le délivrer sur l'instant de sa douleur, grâce à quelques talents...

Quelqu'un qui sait écouter offre un miroir qui ne déforme pas et permet à l'autre de se regarder lui-même avec plus de sérénité. Celui qui écoute devra cependant déterminer où se situe au juste la faute, car les vraies circonstances de la faute sont parfois fortement colorées par les émotions et par la subjectivité.

Il est important de savoir que pardonner ne signifie pas faire une faveur à l'autre. C'est aussi notre propre « moi » que l'on nettoie, que l'on clarifie.

Une des raisons les plus fréquentes du refus de pardonner pourrait s'exprimer ainsi : « je veux bien pardonner, mais je ne le ferai que si l'autre fait un geste ». Or, le pardon est un acte gratuit. Si Dieu avait agi ainsi envers nous, il n'aurait jamais effacé notre dette.

En fait, c'est notre propre conversion qui permettra à autrui de s'amender, et non le contraire. La charité est contagieuse. Le pardon ouvre (élargit) le cœur humain et celui d'autrui d'une manière inimaginable.

Pardonner, c'est accepter l'autre tel qu'il est. Cela ne peut se vivre qu'avec du temps. Le pardon est donc un chemin qui comporte des étapes.

Mais avant que je puisse pardonner à autrui (qui qu'il soit) il faudra que je puisse me pardonner à moi-même. Se pardonner à soi-même est d'ailleurs un facteur de santé psychologique et moral incontournable.

L'acceptation de soi est l'essence même du problème moral et la synthèse de toute une vision de la vie. Le fait de s'accepter soi-même est à la racine de tout.

3- Les trois niveaux de pardon

Le pardon à soi-même

Ce pardon est difficile. Pourtant, ne pas se pardonner à soi-même, c'est se faire injure et mépriser Dieu lui-même, lui qui nous pardonne et persiste à le faire. De plus, combien d'agressivités adressées à autrui ne sont en fait que des règlements de compte avec soi-même. Mais nous n'osons pas nous l'avouer et nous corriger.

Nous sommes en réalité très lucides pour repérer chez autrui les blessures et les fautes que nous hébergeons nous-mêmes. Les parents en font la cruelle expérience quand leurs enfants leur renvoient leurs propres défauts ; les corrections ne sont alors qu'une auto-punition déguisée.

Le pardon et Dieu

Rien n'est irréparable quand on regarde vers Dieu car Il a le pouvoir de réparer tout ce que nous ne pouvons faire...

Le pardon à l'autre

Le pardon à autrui, sans omettre le pardon aux enfants, trop souvent oublié. Les adultes ont en effet de la difficulté à demander pardon aux enfants lorsqu'ils les ont blessés, sous prétexte que ceux-ci font plus de bêtises qu'eux !

Il est plus important de pardonner que d'avoir raison. De plus, l'aventure du pardon vaut la peine d'être vécue... Mais pour cela, il faut se laisser « prendre par le cœur ».

Lorsque Marie de Magdala arrosa de ses larmes les pieds de son maître, son cœur devait comprendre les abîmes d'amour et de miséricorde du cœur de Jésus. Toute pécheresse qu'elle était, le Christ était non seulement décidé à lui pardonner, mais encore à l'élever jusqu'aux plus hauts sommets de la contemplation !

VII

« HEUREUX LES COEURS PURS

CAR ILS VERRONT DIEU »

Une condition à cette béatitude des cœurs purs est la sainteté. Or la sainteté ne réside que dans l'instant présent.

En fait, le temps du présent est le seul qui nous soit donné à vivre. La seule issue est de vivre dans l'instant présent. Il n'existe pas d'autres réalités que le présent, d'où l'impérieuse nécessité de vivre dans l'instant, mais aussi sa douloureuse impossibilité due aux impuretés du passé.

En général, nous fonctionnons sur un temps unique : le passé. Ceci s'explique justement par le fait que nous avons de la difficulté à pardonner.

Combien de personnes croient illusoirement avoir pardonné et s'étonnent de leur agressivité et de leur fermeture de cœur le jour où reparaît celle ou celui qui a commis l'offense à leur égard.

Que veut de nous l'instant présent ? Il suppose de notre part une ouverture d'âme caractérisée par une attitude d'espérance, écartant de l'âme vagabonde la pensée inquiète du passé ou celle de l'avenir.

La foi et l'amour jouent un rôle primordial dans l'instant présent.

Par la foi, l'âme fait entrer en elle toute la réalité qui lui est offerte immédiatement : Dieu et le monde en Dieu.

Par l'amour, l'âme sort d'elle-même pour s'unir à Dieu.

Sur le plan spirituel, l'instant présent est le point de rencontre de l'âme avec Dieu, le point de contact avec la volonté divine. Il est, de par sa nature même, l'expression de la volonté de Dieu sur nous.

C'est ainsi que nous n'atteignons Dieu que dans chaque instant. Notre existence n'est que la continuité de ces instants.

De ce contact avec Dieu dans chaque instant naît alors un instant perpétuel, une union constante à Dieu à travers toutes choses. Quand bien même nous serions absorbés par la vie active, notre âme demeure ainsi avec le Christ, dans un renouvellement inaltérable. Elle peut écouter la présence de Dieu en chaque événement et en toute circonstance.

L'expression « voir Dieu » signifie le fait d'être admis en la présence du Seigneur. Cette condition, c'est la pureté. Les paroles de Jésus reprennent l'intuition de l'auteur du psaume 24 évoquant les conditions pour être en état de rencontrer le Dieu infiniment saint :

> *« Celui qui a les mains innocentes et le cœur pur »* (Ps 24, 4).

Ce qui importe, c'est donc tout d'abord une attitude de cœur.

On peut dire que pour Jésus la sainteté est une réalité qui trouve avant tout sa demeure dans le cœur de l'homme. C'est de là qu'une fois enracinée elle se développe pour transformer l'ensemble de l'existence, comme un arbre portant des fruits.

Toute la vie de Jésus a rendu présente sur la terre la sainteté de Dieu. Cette sainteté divine à l'œuvre en un cœur est une réalité dynamique qui le pousse à la rencontre des autres. Et plus encore qu'une réalité dynamique, la sainteté est une force qui guérit corps et âme, c'est-à-dire qui apporte réconciliation.

Il devrait en être de même pour nous. Il existe d'ailleurs un rapport indissociable entre conversion du cœur et réconciliation sociale et politique.

Jésus, par son enseignement et ses gestes, cherche avant tout à atteindre le cœur afin de provoquer une métamorphose (du grec *métanoïa* qui signifie une transformation de la manière de penser et d'agir), autrement dit, une conversion.

Pour celui qui veut évoluer et devenir libre, il s'agit d'être attentif à tout ce qui concerne ses émotions, ses sensations, ses réactions et ses souffrances intérieures. À partir de là, il pourra laisser remonter les souvenirs depuis sa jeune enfance plus ou moins agréable. Avec courage, il revivra son passé, et découvrira tous les sentiments et émotions qu'il a développé au cours de son histoire : ceux qui causent problème ou blocage dans le présent sont ceux qui ont été inexprimés ou refoulés dans le passé. En prendre conscience, c'est le début de la liberté et de la prise en main de sa destinée. Cette analyse du passé pour comprendre les réactions du présent n'est pas sans difficultés, je tiens à le mentionner afin d'éviter le découragement. En effet, découvrir comment je me suis construit et programmé depuis que je suis né pour en être là aujourd'hui peut laisser une impression de vide et de questionnement sur le sens de la vie. Comprendre que je deviens responsable de mes choix, de ma vie, de mes buts, de mon caractère, de ma destinée peut être source d'angoisse, puisque j'avais toujours pensé que ce que je suis aujourd'hui ne dépendait pas de moi. Ne disons-nous pas : « Je n'ai pas le choix ! Je ne peux pas me changer ! C'est plus fort que moi ! »

Il est certain que la sécurité de la routine et d'une vie réglée est plus agréable que l'insécurité de la liberté et des choix nouveaux qui mènent sur des voies inconnues. L'exemple du peuple d'Israël est typique : étant esclaves pendant des siècles, les

Hébreux se plaignaient tout le temps ; mais leur vie était réglée, leur repas, leur corvée, leur trajet étaient connus. Lorsqu'ils se sont retrouvés libres dans le désert avec un but formidable, ils ont eu peur ; certains ont même regretté leur vie d'esclave, et ils ont continué à penser comme des esclaves et à se plaindre tout le temps. Ils n'avaient pas fait ce travail intérieur et pris conscience de leur nouvelle vie, de leur nou-veau choix. C'est pour cela que beaucoup moururent dans le désert, sans connaître le « pays promis ».

Il en est de même aujourd'hui : nous devons tous passer de la condition d'esclave à celle d'homme libre et responsable.

Mais n'oublions jamais que l'origine du chemin de conversion de cœur est l'initiative divine de la miséricorde. Le plateau de la balance penchera tou-jours du côté de la bonté de Dieu...

VIII

LE SENS DE LA VIE

L'homme cherche un sens profond à son existence. Cette recherche peut par moment porter des noms divers tels curiosité, nostalgie ou même désolation. Cette recherche le conduira également à des décisions, expériences et rencontres très variées.

Puis un jour, le fond de son être sera atteint par une parole, le Christ l'appellant par son nom. Parole par laquelle il a été créé, parole qui est seule capable de pénétrer jusqu'au foyer le plus secret de son être, d'éveiller une réponse au tréfonds de son âme.

Nous avons donc à nous interroger sur la sainteté dans nos vies. Où en somme-nous donc ?

En premier lieu, il convient de savoir que Dieu seul peut sanctifier l'homme (et que tel est son désir). Il le fait par Jésus-Christ.

Or le thème de la sainteté ne semble pas fait, de nos jours, pour passionner les foules, notamment la jeunesse avide d'accumuler toutes les expériences possibles sans penser à celle-là.

Quant aux autres, beaucoup connaissent l'ennui (maladie spirituelle). L'unique remède à ce genre de maladie qu'est la dépression passe par une redécouverte de la sainteté. Pour le chrétien (s'il ne l'a pas encore fait) il est urgent qu'il approfondisse la vision biblique de la sainteté, c'est-à-dire la présence de l'Esprit Saint en lui, dans les choix et les actes de son existence quotidienne.

Une question essentielle se pose : « comment exprimer dans l'existence concrète cette vie nouvelle fondée sur une relation avec Dieu ? »

L'authenticité de nos rapports avec Dieu se vérifie uniquement dans les rapports que nous établissons avec les humains qui nous entourent. Répondre à Dieu de la manière dont je l'ai évoquée, c'est être responsable pour tous ceux que Dieu nous a confiés.

La relation personnelle avec Dieu par le Christ s'exprime dans des relations personnelles avec les autres.

Quand nous nous posons des questions telles que : « pourquoi suis-je sur la terre ? », « quel est le sens de mon existence ? », « qu'attend Dieu de moi ? », c'est justement le cœur qui parle... Et c'est là, selon Jésus, que la sainteté prend racine.

Cette vision de l'être humain est si essentielle pour le Christ qu'il réagit vivement contre ceux qui enseignent le contraire. Lui, habituellement si doux, n'hésite pas à élever le ton quand l'essentiel est en jeu.

> « *Malheur à vous, scribes et pharisiens hypocrites, qui purifiez l'extérieur de la coupe et de l'écuelle quand l'intérieur en est rempli par rapine et intempérance ! Pharisiens aveugles ! Purifiez d'abord l'intérieur de la coupe et de l'écuelle, afin que l'extérieur aussi devienne pur. Malheur à vous, scribes et pharisiens hypocrites, qui ressemblez à des sépulcres blanchis : au-dehors, ils ont belle apparence, mais au-dedans ils sont pleins d'ossements de morts et de toute pourriture ; vous, de même, au-dehors vous offrez aux*

yeux des hommes l'apparence de justes, mais au-dedans vous êtes pleins d'hypocrisie et d'iniquité » (Mt 23, 25-28).

Nous voyons que Jésus s'emporte contre une réduction de la pureté à des actes extérieurs et à une séparation fâcheuse entre le dedans et le dehors qui en découle. Dans toutes les traductions modernes de la Bible, le mot utilisé pour indiquer cette séparation est le mot hypocrisie.

Mais si pour nous l'hypocrisie est un manque de sincérité, pour Jésus l'hypocrisie est un refus de voir le lien essentiel entre ce qu'il y a dans le cœur et ce que l'on fait. Les pharisiens ne sont pas des hypocrites au sens où nous l'entendons : ils agissent selon leurs convictions, mais justement, bercés par leurs propres convictions, ils ne voient pas la nécessité d'une unification de l'être à partir du cœur.

La question essentielle n'est pas : « comment puis-je faire des actes bons ? », mais : « comment acquérir un cœur pur ? ». Et cela se traduira nécessairement par des actes de bonté au dehors.

La réponse se trouve dans la seule « lessive » capable de purifier le cœur : le feu de la sainteté divine...

« Pitié pour moi, Dieu en ta bonté,
en ta grande tendresse efface mon péché,
lave-moi tout entier de mon mal
et de ma faute purifie-moi.

Car mon péché, moi je le connais,
ma faute est devant moi sans relâche ;
contre toi, toi seul, j'ai péché,
ce qui est coupable à tes yeux, je l'ai fait.

Pour que tu me montres ta justice
quand tu parles
et que paraisse ta victoire quand tu juges.
Vois : mauvais je suis né,
pécheur ma mère m'a conçu.

Mais tu aimes la vérité au fond de l'être,
dans le secret tu m'enseignes la sagesse.
Ôte mes tâches avec l'hysope, je serai pur ;
lave-moi, je serai blanc plus que neige.

Rends-moi le son de la joie et de la fête :
qu'ils dansent, les os que tu broyas !
Détourne ta face de mes fautes,
et tout mon mal, efface-le.

Dieu, crée pour moi un coeur pur,
restaure en ma poitrine un esprit ferme ;
ne me repousse pas loin de ta face,
ne m'enlève pas ton esprit de sainteté.

Rends-moi la joie de ton salut,
assure en moi un esprit magnanime.
Aux pécheurs j'enseignerai tes voies,
à toi se rendront les égarés » (Ps 51).

Jésus lui-même explique aux disciples que les paroles de la vie éternelle qu'il leur transmet suscitent en eux comme une purification permanente afin qu'ils portent toujours davantage de fruit.

Avoir un cœur pur, ce n'est pas une situation statique mais l'entrée dans un processus qui commence par un acte d'accueil (accueillir la parole et la garder) et se poursuit grâce à la sainteté de Dieu qui consume l'une après l'autre toutes les résistances que l'homme oppose à son activité.

C'est ce rayonnement de la sainteté de Dieu (la gloire) qui transforme notre cœur progressivement pour qu'il soit toujours plus à l'image de Christ.

IX

LA PAIX INTÉRIEURE

La paix intérieure n'est pas l'impassibilité ou l'extinction de la sensibilité (genre statue du Bouddha). Elle est au contraire le corollaire nécessaire d'un amour et d'une vraie sensibilité aux souffrances du prochain, d'une compassion authentique.

La paix du cœur nous libère de nous-mêmes, augmente notre sensibilité à l'autre et nous rend disponibles au prochain. Seul l'individu qui jouit de cette paix intérieure peut aider efficacement son prochain.

Au fond, on ne peut pas communiquer la paix aux autres si on ne l'a pas en soi-même !

1- Acquérir la paix et la conserver

Nous devons acquérir et conserver la paix de notre cœur.

En tout premier lieu, nous ne devons pas nous imposer de faire des tas de choses, si bonnes nous paraissent-elles selon notre propre intelligence et nos projets. Nous devons plutôt essayer de découvrir quelles sont les dispositions de notre âme, les attitudes profondes de notre cœur, les conditions spirituelles qui permettent à Dieu d'agir en nous.

Il en est de même en ce qui concerne notre âme vis-à-vis de Dieu : plus elle est paisible et tranquille, plus Dieu s'y reflète, plus son image s'imprime en nous et plus sa grâce agit à travers nous.

Plus notre âme est paisible, plus le bien se communique à nous et aux autres à travers nous.

Dieu est le Dieu de paix... Souvent, nous nous agitons et nous inquiétons en voulant tout résoudre par nous-mêmes. Il serait bien plus efficace de rester paisibles (ce qui n'est pas l'inaction et la paresse) et de laisser Dieu agir et œuvrer en nous.

La vie spirituelle ne peut en aucun cas être le déroulement tranquille d'une petite vie sans histoires, mais elle doit être le lieu d'un combat. Ce combat est proprement le lieu de notre purification, de notre croissance spirituelle, lieu où nous apprenons à nous connaître nous-mêmes dans notre faiblesse et à connaître Dieu.

La paix intérieure est non seulement une condition du combat spirituel mais elle en est l'enjeu même. Le vrai combat spirituel consiste à défendre la paix du cœur contre l'ennemi qui s'efforce de nous la ravir.

Le premier but du combat spirituel, celui vers lequel doivent tendre d'abord nos efforts, ce n'est pas d'obtenir toujours la victoire sur nos faiblesses, mais bien plutôt d'apprendre à garder notre cœur en paix en toute circonstance, même en cas de défaite. C'est seulement ainsi que nous pourrons rejoindre un autre objectif : l'élimination de nos défauts.

Une condition sine qua non pour la paix intérieure est la bonne volonté (ou pureté du cœur).

Mais qu'est-ce que la bonne volonté ? C'est la disposition stable et constante de l'individu décidé à aimer Dieu plus que tout, désirant sincèrement préférer en toute circonstance la volonté de Dieu à la sienne.

Le cœur n'est unifié que lorsque tous ses désirs sont subordonnés au désir d'aimer Dieu, de lui plaire et de faire sa volonté.

2- Quels sont les obstacles à la paix du cœur ?

Les soucis de la vie et la peur de manquer de... (dont les exemples sont infinis et touchent tous les secteurs de notre vie : santé, vie familiale et professionnelle, vie morale, vie spirituelle, etc.) sont des obstacles majeurs à la paix du cœur.

Pour conserver la paix au milieu des aléas de l'existence humaine, nous n'avons qu'une solution : nous appuyer sur Dieu seul, dans une confiance totale en lui.

Notre grand drame se situe justement dans le fait que nous n'avons pas confiance en Dieu. Nous cherchons, dans tous les domaines, à nous en sortir par nos propres forces. Nous nous rendons ainsi très malheureux.

Le retour à la confiance est difficile, long et pénible. Prenons une comparaison : tant qu'une personne qui doit sauter en parachute ne s'est pas jetée dans le vide, elle ne pourra pas sentir que les cordes du parachute la portent, celui-ci n'ayant pas encore eu la possibilité de s'ouvrir. Il faut d'abord faire le saut, et c'est seulement ensuite que l'on se sentira porté. Il en est de même dans le domaine spirituel. Dieu donne dans la mesure de ce que nous attendons de lui.

Un autre grand obstacle à la paix intérieure est la souffrance dans notre propre vie et dans le monde qui nous entoure.

Dieu ne permet pas les souffrances inutiles. Cependant, il y a inévitablement des circonstances où nous ne pouvons pas comprendre le « pourquoi » de l'agir de Dieu.

Trop de gens sont inquiets car ils ne sont pas contemplatifs ; ils ne prennent pas le temps de nourrir leur propre cœur et de lui redonner la paix par un regard d'amour posé sur Jésus (surtout par la prière silencieuse).

Le cœur ne s'éveille à la confiance que dans la mesure où il s'éveille à l'amour. La mesure de notre paix intérieure sera celle de notre abandon, et donc celle de notre détachement.

Travail difficile puisque nous nous agrippons aux biens matériels, aux désirs multiples... et il nous coûte terriblement de lâcher-prise, car nous avons l'impression de nous perdre, de mourir.

Il est très important de savoir que Dieu demande tout mais qu'il ne prend pas forcément tout. Il nous demande une attitude de détachement au niveau du cœur et nous laisse la possession paisible de beaucoup de choses quand celles-ci ne sont pas mauvaises en elles-mêmes.

Nous devons croire que s'il nous demande un détachement effectif de telle ou telle réalité, il nous en donnera la force nécessaire. Ce détachement, même s'il est douloureux sur le moment, sera suivi d'une profonde paix.

Un autre obstacle à la paix intérieure réside dans le fait que nous vivons souvent dans l'illusion : nous voudrions que ce qui nous entoure change. Or, ce ne sont pas les circonstances extérieures qui doivent changer, mais notre propre cœur.

Le cœur doit se purifier de son repliement, de sa tristesse, de son manque d'espérance.

Nous devons aussi apprendre à garder la paix intérieure alors même que nous serions préoccupés par la souffrance d'un ami, d'un parent.

Notre compassion ne doit pas être inquiète et troublée. Nous avons bien souvent une manière de nous impliquer dans la souffrance de l'autre qui n'est pas juste et procède (parfois) davantage de l'amour propre que d'un amour véritable.

Nous ne supportons pas la souffrance de l'autre parce que nous avons peur de souffrir (de plus, nous manquons de confiance en Dieu).

La compassion doit procéder de l'amour et non de la crainte (peur de la souffrance). Trop souvent, notre attitude face à ceux qui souffrent dans notre entourage est plus conditionnée par la peur que fondée sur l'amour. Aimer l'autre lorsqu'il souffre, signifie vouloir son bien dans la lumière de Dieu et selon ses desseins.

Notre compassion, si elle est vraie, sera source de paix et d'espérance pour ceux qui souffrent. Il est étonnant de voir que souvent, la personne qui est elle-même dans l'épreuve vit mieux sa souffrance que son entourage qui, lui, s'agite et s'inquiète...

Beaucoup de personnes perdent également la paix parce qu'elles veulent à tout prix changer ceux qui les entourent (et vite, en plus !). Or, seule la patience peut opérer en nous une purification indispensable.

3- En résumé

Le chemin vers la paix du cœur, c'est la confiance et l'abandon.

À ce propos, il nous est nécessaire de savoir que toute personne rencontrera des situations marquées par une certaine obscurité. Elle sera incapable de poser un discernement sur ce qu'elle vit. Mais elle pourra retrouver la paix en ayant recours à l'aide d'un guide spirituel.

Le Seigneur ne veut pas que nous soyons auto-suffisants. Il fait partie de sa pédagogie de permettre que, parfois, nous soyons dans l'impossibilité de trouver la lumière et la paix par nous-mêmes.

Il est peu probable qu'une personne puisse, seule, prendre conscience de son fonctionnement et de ses croyances. En effet, étant elle-même prisonnière de ses représentations, elle se trouve dans une impasse et ne peut évoluer. Pour favoriser cette prise de conscience, la relation à l'autre est primordiale car elle permet la confrontation. La confiance et l'abandon sont également nécessaires quand nous avons des décisions à prendre.

Souvent, nous nous tourmentons à propos des décisions que nous avons à prendre. Nous voudrions être toujours absolument certains de faire la volonté de Dieu dans tous nos choix et ne jamais nous tromper. Il y a dans cette attitude quelque chose qui n'est pas juste...

Tout d'abord, nous voulons être dispensés d'avoir à décider par nous-mêmes. Or, Dieu veut que nous sachions nous décider afin que, dans l'incertitude, il y ait une attitude de confiance et d'abandon. Après tout, si nous nous trompons, l'erreur sera source d'humilité, et nous en tirerons quelques enseignements...

Mais généralement, nous avons surtout peur d'être jugés si nous nous trompons...

Nous avons bien souvent une idée fausse de ce que Dieu demande ou exige de nous. Ses exigences à notre égard sont réelles, mais en aucun cas Dieu n'exige de nous que nous soyons infaillibles et que toutes nos décisions soient parfaites.

Dieu préfère ceux qui cheminent avec liberté d'esprit et qui ne pinaillent pas trop sur les détails. Le perfectionnisme n'a rien à voir avec la sainteté. Le désir d'obéir à Dieu sera vraiment selon le Saint-Esprit s'il est accompagné de paix, de liberté intérieure, de confiance et d'abandon, et non s'il est source de trouble, paralysant conscience et décisions libres.

CONCLUSION

SE RÉCONCILIER AVEC SOI-MÊME

PAR LA PURIFICATION DU CŒUR.

En se réconciliant avec elle-même, la personne ne se sent plus être une « marionnette » entre les mains de Dieu (comme certains le pensent parfois). Elle devient libre, responsable, autonome. Les choses, les événements, les circonstances, les autres sont acceptés pleinement. Ainsi, la personne consent parfaitement à la réa-lité ; libérée des illusions et émotions parasites, elle peut vivre pleinement dans le « ici et le maintenant ». Elle est en pleine possession de ses capacités pour gérer le réel, pour décider de sa vie, pour triompher des oppositions et atteindre ses objectifs. La peur, la culpabilité, les doutes et les refus du réel n'ont plus de droit dans sa vie. Seuls l'amour, la justice, la paix et la joie la dirigent. Il n'y a plus de « compétition » mais une complicité parfaite entre Dieu et elle.

La personne qui a acquis cette maturité peut tout pardonner, même l'impardonnable car elle n'est pas submergée, détruite par quoi que ce soit. Son regard d'amour ne voit plus d'ennemi, mais des personnes en conflit et en souffrance comme elle l'était autrefois car pour elle, même aimer ses ennemis devient possible.

Les difficultés et les événements douloureux sont source d'enrichissement et d'évolution permanente pour celui qui est entré dans ce processus de vie divine et éternelle.

« Réjouissez-vous des épreuves et persécutions » est un enseignement qui devient plus compréhensible et praticable. La vie est alors vraiment Bonheur et Béatitudes...

À ceux qui me parlent de leur vie, j'ai toujours envie de dire : « guérissez votre cœur d'abord ». Si les gens pouvaient apprendre à écouter simplement leur cœur, ils ne se guériraient pas seulement eux-mêmes, mais bien d'autres autour d'eux.

Un cœur aimant est le remède le plus universel ! Quand on prodigue de l'amour, cela rend plus fort celui qui donne et celui qui reçoit.

En fait, tout réside dans le pouvoir du pardon et de l'amour. Or la véritable essence de l'amour, c'est le don. Donner, et donner encore, sans rien attendre en retour. Au bout du compte... tout nous sera rendu, et bien au-delà.

Le pouvoir de guérir, c'est l'amour et le pardon inconditionnels envers nous-mêmes et les autres.

Nous sommes tout simplement destinés à aimer. Et même si l'existence est menacée par une maladie grave, il est toujours permis d'aimer.

Ce qu'il faut pour le monde et les hommes, c'est le pardon et l'amour du prochain.

Alors seulement la guérison pourra intervenir...

TABLE DES MATIÈRES

POUR APPROFONDIR LE SUJET...

* Père Jacques Marin, *Miracle de l'amour*
(Éditions des Béatitudes).

* Philippe Madre, *La simplicité de cœur*
(Pneumathèque).

* Cardinal Suenens, *Culte du Moi et foi chrétienne*
(Desclée de Brouwer).

* François Varillon, *Joie de croire, joie de vivre*
(Le Centurion).

* Philippe Madre, *S'aimer soi-même*
(Éditions des Béatitudes).

Joëlle Laflûte-Marietti est psychothérapeute et chrétienne.

Ayant compris le rapport vital qui existe entre la psychologie, la philosophie et la foi, elle a unifié ces grands principes pour créer la « thérapie humaine ».

Sa vocation est d'amener la personne sur un chemin de vérité qui est l'aide au prochain.

Ses méthodes expriment la compassion, l'attention, la sensibilité et aussi la fermeté avec un sens aigu de l'analyse.

Afin de former des praticiens de la relation d'aide, elle organise, par correspondance, une formation à « la thérapie humaine » (1er et 2ème cycle) et une autre à l'accompagnement psycho-spirituel des personnes en fin de vie.

Voici ses coordonnées :

3 rue des Troubadours
66000 Perpignan
04 68 51 29 35

POUR ALLER PLUS LOIN...

Cette collection intitulée « Petits Traités Spirituels » a pour but de vous aider à approfondir votre vie de foi et de prière au sein de l'Église. Ainsi, et pour qu'elle puisse réellement répondre à vos besoins, nous vous invitons à :

* nous poser - par écrit - d'éventuelles questions quant à tel ou tel sujet abordé dans l'un des fascicules.

* nous suggérer des thèmes qui vous intéresseraient.

* nous envoyer des cassettes (ou manuscrits) susceptibles de faire l'objet de tels traités.

N'hésitez pas non plus à nous écrire pour nous confier les questions, détresses et souffrances qui vous habitent. Nous les exposerons, avec vous, à la Compassion de notre Dieu, dans l'adoration et l'intercession quotidiennes. Nous pourrons aussi vous apporter une réponse par courrier, si vous le désirez.

« Petits Traités Spirituels »
Communauté des Béatitudes
81170 - CORDES
(merci de joindre une enveloppe timbrée)

Dans la même collection :

4- Évelyne Madre, *L'abandon à la Providence*.

5- Georgette Blaquière, *À la louange de sa gloire*.

6- Père Emiliano Tardif, *Le charisme de guérison*.

7- Philippe Madre, *Le charisme de connaissance*.

8- Frère Claude-Jean-Marie Fould, *Prier en langues*.

9- Philippe Madre, *Prières pour assemblée*.

10- Philippe Madre, *Abba, Père ! - prières pour la Vie*.

11- Père Pierre-Marie Soubeyrand, *L'accueil de l'Esprit*.

12- Jacques Myon, *La Dîme et l'Église*.

13- Père José Rodier, *Le charisme du pasteur*

* Série III " Bonheur Chrétien "

1- Sœur Marie-Laetitia, *Le secret de la joie*.

2- Sœur Thérèse, *Amour et sacrifice*.

3- Sœur Marie-Laetitia, *Le pari de la douceur*.

4- Père Pierre Dumoulin, *Sois mon témoin*.

5- Philippe Madre, *La simplicité de cœur*.

6- Père Pierre Dumoulin, *Job - une souffrance féconde*.

7- Père Étienne Richer, *L'audace de la charité*.

8- Philippe Madre, *Prières pour la guérison*.

9- Jackie Desbois, *Lettre à un dépressif*.

10- Louis Sahuc, *La grâce d'écouter*.

11- Sœur Anne de Jésus, *L'accompagnement spirituel*.

12- Père Didier-Marie, *La relation d'accompagnement*.

13- Père Jean Philibert, *Bienheureuse conversion*.

14- Philippe Madre, *Être guide spirituel*.

15- Philippe Madre, *Culture de Vie, blessure de vie*.

16- Père Bernard Ducruet, *Le combat spirituel*.

17- Père Bernard Ducruet, *La paix du cœur*.

18- Père Bernard Ducruet, *L'autorité en communauté*.

19- Père Olivier Ruffray, *Célébrer la réconciliation*.

20- Charles Prince, *36 manières d'aimer*.

22- Père Bernard Ducruet, *L'humilité - selon saint Benoît*.

IMPRESSION : BUSSIÈRE S.A., SAINT-AMAND (CHER) – (III-2003).
N° D'IMP. : 31990. – DÉPÔT LÉGAL : AVRIL 1999.
Imprimé en France